A mi mamá, mi papá, Mara y Alex, que
siempre vieron todo lo que había en mí,
más allá de mis qué pasa si…

E. K.

A mis seres queridos, que me ayudan
a superar mis qué pasa si…

Z. P.

¿Qué pasa si…?
Emily Kilgore y Zoe Persico
Título original: *The Whatifs*

De la edición en español:
Coordinación editorial: Florencia Carrizo
Edición: Camila Ponturo
Traducción: Cristina M. Paoloni
Corrección: Gustavo Wolovelsky y Belén Cabal
Diagramación: Pablo Ayala

Primera edición.

Catapulta

C/ Casanova, Num. 226
Planta ppl, puerta 4
08036 Barcelona - (Barcelona)

ISBN 978-84-19987-04-4

Impreso en China en octubre de 2023.

Text copyright © 2020 by Emily Galle-From
Illustrations copyright © 2020 by Zoe Persico
© 2023, Catapulta Editores SL

¿Qué pasa si...?

EMILY KILGORE

ZOE PERSICO

Catapulta
junior

Cora era una niña nerviosa:

siempre ansiosa,
siempre tensa,
siempre preocupada
por si algo malo llegaba a ocurrir.

Por ese motivo,
los qué pasa si...
la adoraban.

Pesados, toscos y gruñones, los qué pasa si...
están en todas partes: en habitaciones
luminosas y rincones oscuros,

en pasillos ruidosos y bibliotecas silenciosas,
en ciudades grandes y pueblos pequeños.

Salen de lugares desconocidos sin que nadie los vea y rápidamente se pegan a las personas cuando ellas menos lo esperan.

Después, les susurran una pregunta,
tan bajito,
tan suave,
tan imperceptible
que, por lo general, las personas
ni se dan cuenta de que los
qué pasa si… están ahí.

Los qué pasa si… de Cora la acompañaban desde
que el sol se asomaba por la ventana en las mañanas
hasta el momento en que ella escondía la cabeza
bajo la tibia manta por las noches.

¿Qué pasa si mi perro se escapa?

¿Qué pasa si me olvido la tarea?

¿Qué pasa si el sol deja de brillar?

¿Qué pasa si se me parte una pintura?

Muchas personas se preguntan qué pasa si... de vez en cuando, pero pueden rechazar esos pensamientos rápidamente.

Sin embargo, Cora no podía.

No importaba que los qué pasa si... fueran tontos
o aterradores, posibles o imposibles.

En cuanto Cora pensaba en ellos,
se apoderaban de ella.

Una semana, Cora tuvo más qué pasa si… que de costumbre.
Solo faltaban pocos días para su concierto de piano.
Y, aunque había ensayado y perfeccionado su pieza musical,
los qué pasa si… empezaron a colarse en su mente.

¿Qué pasa si me tiemblan los dedos?,
se preguntó Cora el lunes.

¿Qué pasa si me equivoco?,
pensó Cora el martes.

¿Qué pasa si no viene nadie?,
dudó el miércoles.

*¿Qué pasa si vienen **demasiadas** personas?,*
se preocupó el jueves.

Para cuando llegó el día del concierto,
el peso de los qué pasa si… era insoportable.

Cora esperó ansiosa detrás del escenario
a que le llegara su turno de tocar.

Cuanto más tiempo esperaba,
más qué pasa si… aparecían.
Cada uno se aferraba a ella
con más fuerza y la agobiaba
más que el anterior.

¿Qué pasa si tropiezo en el escenario?

¿Qué pasa si el taburete es demasiado alto?

¿Qué pasa si los pedales rechinan?

¿Qué pasa si empiezo a toser?

¿Qué pasa si me equivoco en una nota?

¿Qué pasa si nadie aplaude?

—Cora —susurró una vocecita—, ¿estás bien?

¡Ah, genial!, pensó Cora.
¿Qué pasa si Stella piensa que soy una bebé llorona?
¿Qué pasa si no me entiende?

—No es nada —fue lo único que pudo decir
antes de que un leve sollozo escapara
de sus labios ligeramente apretados.

—No parece que no sea nada —dijo Stella.

Cora respiró hondo
y con un hilo de voz dijo:

    —Es… solo que… no dejo de preguntarme qué pasa si…
Y me imagino todas las cosas malas que pueden pasar.
    Como por ejemplo: ¿qué pasa si me equivoco?
    O ¿qué pasa si estornudo mientras estoy tocando?

—¡Todo el mundo se pregunta qué pasa si…, Cora!
Hace solo un momento, yo misma me preguntaba:
¿qué pasa si Cora está triste y yo la puedo ayudar?

Mientras escuchaba a Stella, Cora empezó
a preguntarse:
¿qué pasa si ella puede ayudarme?,
¿qué pasa si puedo confiar en ella?

—Ojalá mis qué pasa si… fueran como los tuyos.
Los míos son siempre negativos. —Cora bajó la vista.
—¿Nunca piensas en las cosas buenas que pueden
pasar? —le preguntó Stella.
—No sabía que podía imaginarme
cosas buenas —susurró Cora.

—¡Claro que sí! —dijo Stella—. Por ejemplo: ¿qué pasa si después del concierto hay tarta de chocolate?

—O ¿qué pasa si toco mejor que nunca? —la interrumpió Cora, mirando al muchacho que golpeaba las teclas del piano.

De pronto, Cora sintió que sus qué pasa si…
empezaban a cambiar.

Los pesados, toscos y gruñones qué pasa si…
lentamente empezaron a desaparecer y fueron
reemplazados por otros nuevos.

En ese momento, la profesora anunció
que era el turno de Cora.

Cora caminó hasta el piano sin tropezarse.
El taburete tenía la altura adecuada.
Sus manos temblaban
por encima de las teclas.

Pero entonces se sentó y empezó a tocar, y los qué pasa si... negativos siguieron desapareciendo poco a poco hasta que...

¡¡¡CLANG!!!

Cora se equivocó
en una nota.

¡Ay, no!
¿Qué pasa si todos se ríen de mí?
¿Qué pasa si me abuchean y me
tengo que bajar del escenario?
Cora quería echarse a llorar.

Trató de ignorar a las personas que la observaban y esperaban que continuara.

Entonces, Cora vio de reojo a Stella.

¿*Qué pasa si PUEDO hacerlo?*, se preguntó.

Cora respiró profundo y empezó a tocar otra vez con confianza.
Sus dedos bailaban sobre las teclas.

Cuando terminó, el salón estalló en aplausos.
Cora hizo una reverencia y le sonrió a Stella.

No pudo evitar preguntarse:
¿qué pasa si…

hoy me hago una nueva amiga?

NOTA DE LA AUTORA

Cuando yo era niña siempre me sentía agobiada por la ansiedad. Tenía miedo de estar lejos de mi familia. *¿Qué pasa si mis padres se olvidan de mí? ¿Qué pasa si hacen algo especial sin mí?* Y por las noches, no podía dormir sin que la puerta de mi cuarto estuviera abierta de par en par. *¿Qué pasa si un monstruo entra a mi cuarto mientras estoy durmiendo?* Las voces apagadas de mis padres que venían desde el piso inferior eran reconfortantes, como la luz del pasillo que me envolvía. La puerta cerrada o el pasillo oscuro hacían que me sintiera sola, atrapada, asustada.

Al hacerme mayor, mis miedos y preocupaciones cambiaron. Aun hoy lucho contra la ansiedad (¡ahora tengo miedo a volar!), pero lo que antes me daba miedo ahora solo me resulta incómodo. Lo que he comprendido como adulta es que mis ansiedades no me convierten en una persona menos valiosa. Ya de niña me daba cuenta de que algunas de mis preocupaciones eran irracionales, pero no podía superarlas. Empecé a evitar ir a fiestas de pijama y dejé de pasar mucho tiempo con amigos. Estaba demasiado angustiada y preocupada, creyendo que nadie me iba a entender. Sí, muchas personas, de niños a ancianos, se preocupan.

Según la Asociación de Ansiedad y Depresión de los Estados Unidos, uno de cada ocho niños se ve afectado por trastornos de ansiedad. Como alguien que ha experimentado la ansiedad y ha visto cómo afecta a algunos de mis alumnos, estaba segura de que *¿Qué pasa si…?* era una historia que había que contar. En varios sentidos yo soy Cora. Muchas de sus preguntas *¿qué pasa si…?* son las mismas que me hacía yo o que he escuchado por parte de mis alumnos. Todos nos preguntamos: *¿qué pasa si…?*, solo que cada uno puede preguntárselo de diferentes maneras.

Con ayuda, ánimo, paciencia y esperanza, los qué pasa si… negativos pueden convertirse en positivos. Se puede conseguir dominarlos. Igual que Cora, he aprendido a controlar mis qué pasa si… Gracias al cariñoso apoyo de mi familia y amigos, ahora puedo preguntarme:

¿Qué pasa si mi experiencia con los qué pasa si…
puede ayudar a otros?

¿Qué pasa si SOY CAPAZ de escribir un libro?